Ciclos de vida

Wendy Conklin, M.A.

Asesor

Sterling Vamvas
Químico, Orange County
Water District

Créditos de imágenes: pág.17 (derecha inferior); blickwinkel/Alamy; pág.9 (superior) Bruce Coleman Inc./Alamy; pág.8 (derecha superior); E.R. Degginger/Alamy; pág.21 (centro) David Barlow Photography; págs.7 (izquierda inferior y derecha superior), 8 (ambas inferior), 10–11, 13–19 (ilustraciones) Travis Hanson; contraportada, págs.4–5 (fondo), 7 (izquierda superior y derecha inferior), 10–11 (superior), 12–13 (fondo), 14–15 (fondo), 16 (derecha inferior), 17 (superior), 18–19 (fondo), 20–21 (fondo y superior), 22 (izquierda), 24–27 (fondo), 27 (izquierda y derecha del medio), 31–32 iStock; pág.13 (derecha superior) Fred Bavendam/ Minden Pictures/Newscom; pág.14 (centro superior); Suzi Eszterhas/ Minden Pictures/Newscom; pág.15 (derecha inferior) Jim Zipp/Science Source; pág.9 (izquierda inferior) Mark Smith/Science Source; pág.10 (izquierda superior) Ted Clutter/Science Source; pág.18 Tom & Pat Leeson/Science Source; págs.28–29 (ilustraciones) J.J. Rudisill; todas las demás imágenes cortesía de Shutterstock.

Teacher Created Materials
5301 Oceanus Drive
Huntington Beach, CA 92649-1030
http://www.tcmpub.com

ISBN 978-1-4258-4675-6

Contenido

El ciclo de la vida

Todos los seres vivos atraviesan un ciclo de vida. Árboles, insectos, animales y hasta tú mismo crecen y cambian. Al principio, los ciclos pueden parecer iguales. Los seres vivos nacen, crecen, se reproducen y mueren. Pero observa más de cerca y verás que cada ciclo de vida es levemente diferente. Tanto las mariposas como los perros tienen un ciclo de vida. Pero no son iguales. Una mariposa comienza su vida en un huevo que eclosiona. Un perro nace vivo de su madre. También crecen de maneras diferentes.

En toda la naturaleza, el patrón se repite. Crecer. Cambiar. Prosperar. Reproducirse. Estos mismos eventos suceden una y otra vez. El final del ciclo da origen al comienzo. Se crea una nueva **generación**. Ese es el ciclo de la vida.

Ciclos y períodos

Un ciclo de vida es un conjunto de cambios o etapas. Un período de vida es el tiempo que viven un animal o una planta. La etapa final de todos los ciclos de vida es la muerte.

Un ciclo para cada vida

Algunas criaturas deben pasar por solo una o dos etapas de vida breves antes de convertirse en adultos. Otras, deben transformarse varias veces. Para cada criatura, este recorrido da origen a una nueva generación. Y el ciclo vuelve a comenzar.

capullo de un gusano de la seda

Metamorfosis misteriosa

¿Qué sucede dentro del capullo? Durante cientos de años, fue un misterio. Hoy, los científicos saben que las orugas se disuelven. Sus músculos y huesos se transforman en una sustancia gelatinosa. Luego, construyen cuerpos nuevos. ¿La parte más asombrosa? Los científicos han demostrado que las polillas pueden recordar cosas que pasaron cuando eran orugas, ¡antes de ser gelatinosas!

Los capullos vienen en todo tipo de formas, tamaños y colores. Algunos parecen golosinas. Otros, hojas o ramas. ¡Algunos parecen oro!

Polillas mágicas

A medida que crecen, los insectos cambian de forma. Algunos creen que este cambio es mágico. Pero se trata de un proceso natural llamado **metamorfosis**.

Muchos insectos, como las polillas, tienen ciclos de vida de cuatro etapas. Primero, las polillas adultas ponen huevos en las plantas. Cuando el huevo eclosiona, nace una **larva**. Una larva de polilla se denomina *oruga*. Una oruga se come todo cuanto puede. Luego, encuentra un lugar seguro para ocultarse, tal vez, bajo una hoja. Se envuelve en un caparazón llamado *capullo*. Esta es la etapa de **pupa** de la polilla. Dentro del capullo, la polilla cambia. Unas semanas después, la polilla adulta sale del capullo. Cuando la polilla adulta pone huevos, el ciclo se repite.

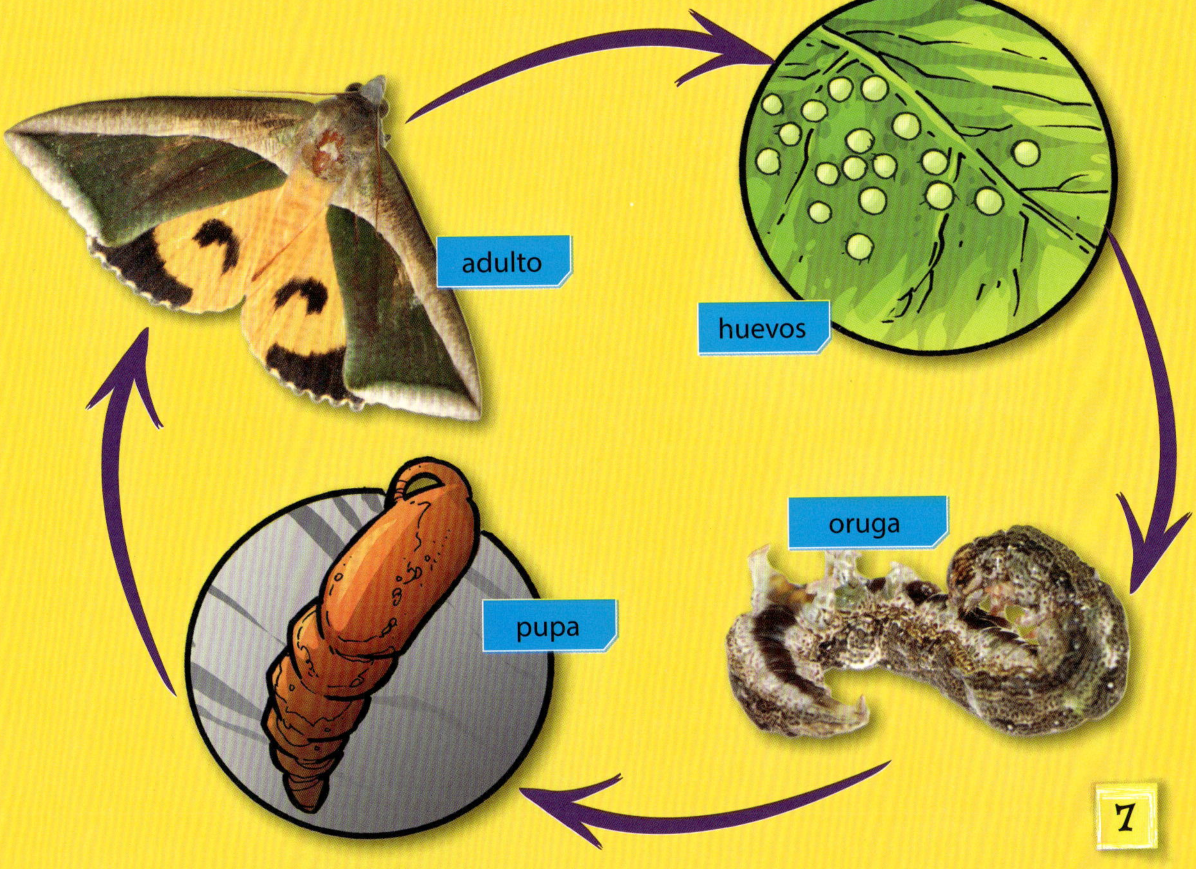

Salamandras resbalosas

Los anfibios son animales que pueden vivir en la tierra y bajo el agua. Las salamandras son un tipo de anfibio. Algunas viven en la tierra. Y otras viven en el agua. La mayoría de las salamandras ponen huevos en el agua o en el suelo húmedo. Cuando los huevos eclosionan, comienza la etapa del renacuajo. Estos renacuajos se ven como pequeños adultos. Usan la cola para poder nadar. Las branquias les ayudan a respirar bajo el agua.

Las salamandras que viven en la tierra atraviesan una metamorfosis completa. Las aletas y branquias desaparecen. Desarrollan pulmones y patas. Pero algunas salamandras son diferentes. Las salamandras acuáticas desarrollan pulmones. Pero conservan las aletas y branquias para poder seguir viviendo en el agua. Su ciclo de vida se puede extender de algunos meses a cinco años.

Las branquias del ajolote mexicano parecen plumas flotando sobre su cabeza.

otro anfibio

Las cecilias también son anfibios. Parecen pequeñas serpientes. Tienen dientes afilados y una cabeza huesuda que usan para cavar las madrigueras en la tierra. Algunas son pequeñas, ¡pero pueden crecer hasta alcanzar los cinco pies de largo!

Salmón viajero

En el lecho de un arroyo o río, un salmón pone sus huevos en un nido. A comienzos de la primavera, el alevín sale del huevo. El alevín tiene solo una pulgada de largo. Después de unas seis semanas, los alevines desarrollan aletas, dientes y escamas, y dejan el nido en forma de cría desarrollada. Algunos se transforman en salmones jóvenes y desarrollan oscuras marcas ovaladas que los ayudan a camuflarse. Las crías y los salmones jóvenes dejan el agua dulce y van al agua salada. Ahora son esguines que parecen salmones en miniatura. Las corrientes llevan los esguines al océano. Cuando llegan al agua salada, se convierten en adultos. El salmón permanece en el océano entre uno y siete años. Luego, nada de regreso a donde nació para reproducirse.

Almuerzo para llevar

Los huevos les proporcionan a muchos animales su primera comida. Contienen todo lo que los animales necesitan para crecer fuertes. Las crías de salmón se comen lo que queda de sus huevos antes de nadar hacia el océano.

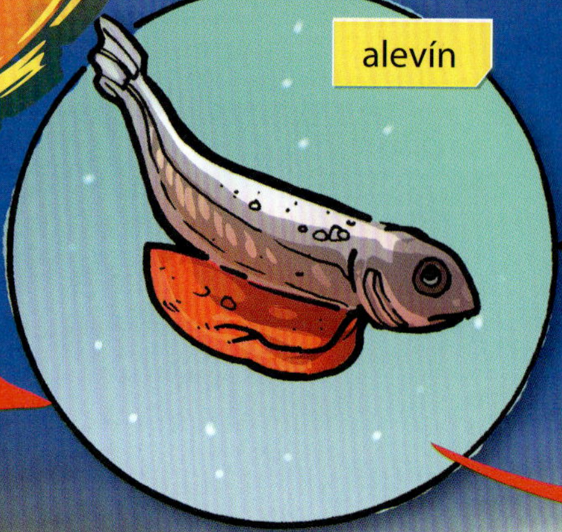

Los salmones adultos recorren miles de millas para volver a su nido a poner huevos. ¡Luchan contra poderosas corrientes y ni siquiera se detienen para comer!

Pulpos peculiares

Los pulpos comienzan como huevos. El pulpo macho muere después de aparearse con la hembra. La hembra une todos los huevos y los cuelga de su nido. La hembra pasa todo el tiempo cuidando los huevos. Y cuando nacen las crías, la hembra está tan débil que también muere.

¡Al principio, las crías de pulpo tienen el tamaño de un grano de arroz! Estas crías se denominan *paralarvas*. Nadan hasta la superficie del océano para buscar alimento. Las ballenas y otros peces se comen a muchas de ellas. Después de algunas semanas, las paralarvas nadan al suelo del océano. Allí crecen con rapidez. Los depredadores siguen comiéndose a muchas. Las que sobreviven se convierten en adultos. Los adultos ponen huevos y el ciclo se repite.

A las escondidas

Los pulpos adultos se protegen camuflándose. Usan los músculos y la piel para confundirse con las rocas. También disparan tinta oscura para ocultarse.

El nido de mamá pulpo también se conoce como *guarida.*

Las águilas toman vuelo

Las crías de águila se desarrollan y crecen dentro del huevo. La yema de huevo proporciona el alimento que la cría necesita. Cuando el alimento se agota, el águila rompe el cascarón con el pico. Una protuberancia en la punta del pico le sirve para romper el cascarón. La cría recién nacida depende de sus padres para obtener el alimento. En solo unos días, mientras permance en el nido, la cría se convierte en **polluelo**. Al comienzo, los plumones con los que nace mantienen al ave cálida, ya que las plumas verdaderas tardan semanas en desarrollarse. A los dos meses de edad, se denomina *aguilucho*. Pronto, esta joven ave se convierte en un águila **juvenil**. Las águilas juveniles aprenden a cazar de los adultos. En unos cinco años, son adultos listos para aparearse.

¡Un polluelo de águila puede subir medio kilogramo (una libra) de peso por semana!

¡Un águila puede vivir hasta 30 años!

Un compañero para toda la vida

Las águilas adultas encuentran un compañero y permanecen con este hasta que mueren. No todas las aves hacen lo mismo, pero los cisnes y los tórtolos son algunos ejemplos.

Serpientes rastreras

La mayoría de las serpientes inician su ciclo en un huevo. Después de unas semanas, la serpiente usa su diente de huevo para romper el cascarón. Es posible que la cría no abandone el huevo de inmediato. Puede pasar horas o días alimentándose de la yema que queda. En muy poco tiempo, la cría se convierte en una serpiente juvenil. En esta etapa, aprende a cazar sus alimentos. A medida que crece, muda, o cambia de piel. Finalmente, la serpiente alcanza la edad adulta. Entonces, ya está lista para poner huevos, para que el ciclo pueda volver a empezar.

Hay algunas serpientes que dan a luz crías ya desarrolladas. Estas incluyen las serpientes de cascabel, las boas constrictoras y la víbora común europea. Otras serpientes llevan los huevos dentro de su cuerpo. Las crías salen de los huevos dentro de su madre.

Las serpientes mudan de piel cuando crecen.

adulto

Las serpientes siguen mudando la piel a medida que crecen.

juvenil

Moviéndose a la par

Cuando dejan el cascarón, las crías están hambrientas. Por eso se alejan rápidamente reptando. Si no lo hacen, ¡es posible que otras crías se las coman!

Los huevos de serpiente no son duros como los huevos de pollo. Son suaves como el cuero.

El desarrollo del castor

¿Qué tienen en común los castores, los elefantes y las personas? ¡Todos son mamíferos! Y los mamíferos también experimentan un ciclo de vida. Los castores tienen varias etapas en su ciclo de vida. Primero, es la etapa del huevo, que se produce dentro de la madre. Luego, nace un bebé. En el caso de los castores, esto sucede en la primavera. Cuando los castores bebés nacen, se conocen como *crías recién nacidas*. La siguiente etapa empieza al año de vida. Viven con sus padres y las crías recién nacidas en la madriguera. Lo hacen por seguridad. A los dos años de edad se llaman *castores juveniles*. Entonces, dejan la madriguera y salen a buscar una pareja. Para el invierno, ya son adultos que comienzan sus propias familias. Y el ciclo vuelve a empezar.

Los mamíferos tienen leche

Los mamíferos son conocidos por el modo en el que las hembras cuidan a sus crías. Las madres alimentan a sus crías con leche fresca. Además, la mayoría de los mamíferos están cubiertos de pelo. Pueden vivir en una variedad de lugares.

Los castores construyen madrigueras con ramas y lodo. Para ingresar a algunas de ellas, solo se puede por debajo del agua.

Las crías de 1 a 2 años ayudan a sus padres con las crías recién nacidas. Recolectan alimentos para ellos, ayudan a acicalarlos y pasan tiempo jugando juntos.

La vida del elefante

El elefante es otro mamífero. Su ciclo de vida tiene tres etapas principales. Primero, la madre lleva el embrión dentro de ella. Después de 22 meses, nace la cría. La madre le enseña a su cría cómo vivir, comer y acicalarse. A los 4 años de edad, la cría es destetada. Significa que ya no toma leche materna. Luego, se vuelve **adolescente** hasta los 17 años. Los machos andan en grupos. Pero las hembras se mantienen cerca de su mamá. A los 18 años el elefante es adulto. Los adultos buscan pareja y el ciclo vuelve a comenzar. ¡Los elefantes pueden vivir hasta 70 años!

Cosas de bebé

Un elefante solo tiene unas cuatro crías durante su vida. Pueden tener mellizos, pero es muy inusual.

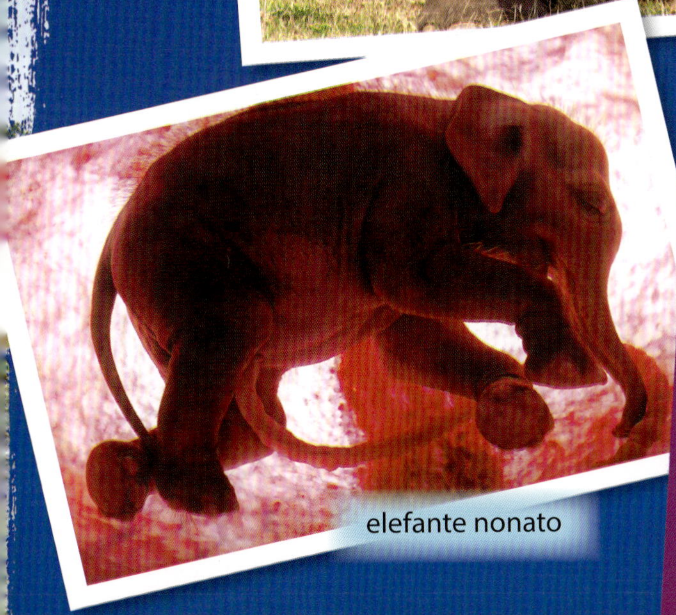

Dentro del útero

Los mamíferos se desarrollan dentro del útero de la madre. Cuando se crea el embrión, es difícil saber de qué animal se trata. Todos los animales comienzan como una pequeña bolita. Pero después de cuatro meses, queda claro que es un elefante muy pequeño.

Justo antes de que nazca la cría, la mamá elefante elige una "tía" para que la ayude a cuidar la cría.

El ciclo de vida del ser humano

Como todos los seres humanos, tú también crecerás en etapas. Durante nueve meses, creces dentro de tu madre. Luego, naces. La niñez es el período desde el nacimiento hasta la adolescencia. Cuando eres niño, dependes de tu madre. A medida que creces, aprendes a caminar. Luego, aprendes a jugar. Tu cuerpo sigue creciendo. Tu mente va creciendo también. A los 13 años de edad serás adolescente. Igual que un elefante, en esta etapa te harás más independiente de tus padres. Pero la mayoría de las personas viven con sus padres, por lo menos, hasta los 18 años.

Convertirse en adulto lleva tiempo. Las personas no despiertan un día y se dan cuenta de que se volvieron adultas de la noche a la mañana. Ser adulto implica más que tener cierta edad. Se trata de tomar buenas decisiones y de cuidar de uno mismo.

Solo entonces te conviertes realmente en un adulto.

Cómo vivir hasta los 100 años

Si deseas llegar a ser un centenario, o alguien de cien años de edad o más, intenta con estas sugerencias. Todas están relacionadas con una vida más larga.

- ✔ Comer alimentos saludables.
- ✔ Hacer actividad física diariamente.
- ✔ Cepillarse los dientes dos veces al día.
- ✔ Pasar tiempo al aire libre.
- ✔ Dormir el tiempo suficiente.
- ✔ Reír mucho.
- ✔ Ser amable con los demás y también cuidar de ti mismo.

La Vejez

No hay una edad que todos consideren vejez. Si tienes 9 años, alguien de 70 puede parecerte muy viejo. ¡Pero si tienes 90, alguien de 70 años puede parecerte joven! Las personas están encontrando maneras de vivir más y más años. Y están encontrando maneras de mantenerse más saludables y felices durante la vejez.

De semillas a árboles

Hasta las plantas tienen ciclos de vida. Para un árbol, comienza con la **germinación**. Es cuando la semilla comienza a crecer. Una semilla se convierte en **plántula** cuando le crecen una raíz y un tallo. Con el tiempo, el tallo crece más, se forman las hojas y se convierte en un **plantón**, o un árbol muy joven. Se desarrollan las ramas y crecen más hojas. Puede tomar años, pero finalmente, la planta se convierte en árbol maduro. Los árboles maduros producen semillas que caen en la tierra. Estas forman nuevos árboles.

Una flor también comienza con la germinación. En esta etapa, de la semilla brotan hojas. Son las primeras hojas que emergen de la tierra. Estas hojas almacenan alimento para la plántula. Luego, mientras crece la plántula, se forma un **brote**. Se abre lentamente. Finalmente, la flor está madura y puede desarrollar semillas para que florezcan nuevas plantas.

¡Hace frío aquí!

Las semillas tienen una cubierta especial. Esta cubierta protege a las semillas de las temperaturas extremas, las lesiones y los insectos.

¡No lo olvides!

Los animales como las ardillas ayudan a plantar semillas. Las reúnen y las entierran. Luego, regresan para comerse algunas. Pero otras son abandonadas u olvidadas. Estas semillas olvidadas se convierten en plantas nuevas.

Una conexión vital

Todos los seres vivos crecen y cambian. Cuando llega el momento, mueren. Les sucede a todas las criaturas. Pero durante esas etapas, la vida da giros bellos y sorprendentes.

Plantas y animales jóvenes nacen todos los días. Algunos ciclos de vida son cortos y dramáticos. ¡Es posible que una mosca de la fruta viva solo 24 horas! Otros ciclos de vida son más largos de lo que podemos imaginar. ¡Algunos árboles viven miles de años! Pero cada ciclo de vida tiene exactamente las etapas que cada criatura necesita para sobrevivir y prosperar en este mundo.

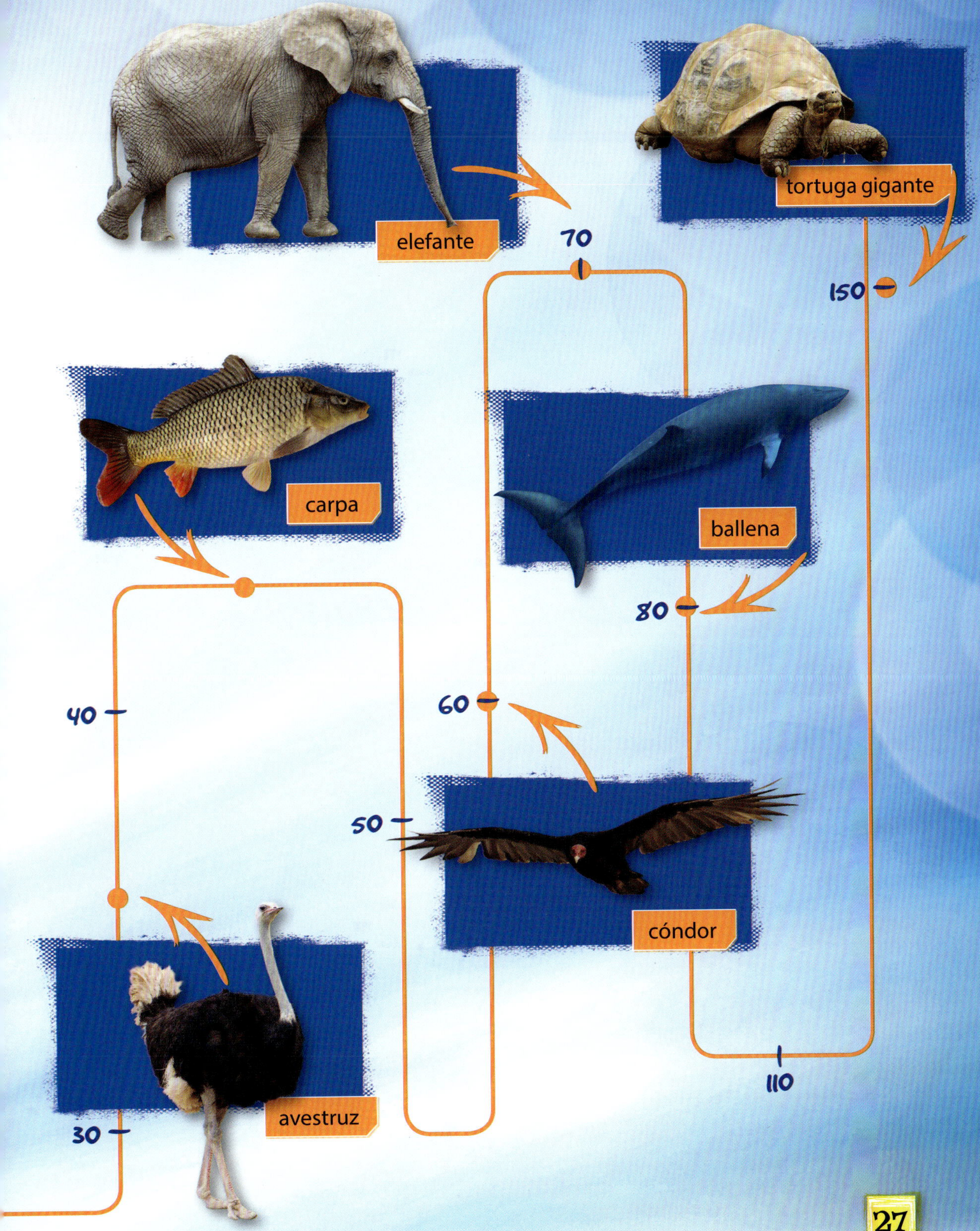
elefante
tortuga gigante
70
150
carpa
ballena
80
40
60
50
cóndor
110
avestruz
30

Piensa como un científico

¿En qué se parecen el ciclo de vida de un insecto y el de un mamífero? ¡Experimenta y averígualo!

Qué conseguir

- cuerda
- perforadora
- tarjetas
- útiles para colorear

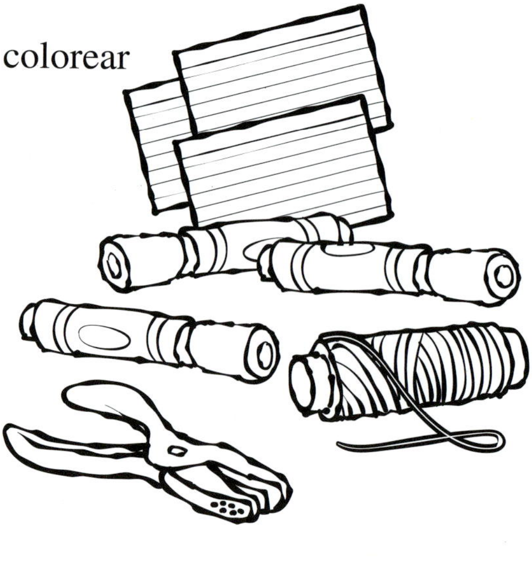

Qué hacer

1. Escribe el nombre y una breve descripción para cada etapa del ciclo de vida de un insecto en las tarjetas. Usa una tarjeta para cada etapa. Haz un dibujo junto a cada etapa.

2. Usa la perforadora para hacer agujeros a ambos lados de cada tarjeta. Usa la cuerda para atar las tarjetas de manera que formen un círculo.

3. Repite los pasos uno y dos para el ciclo de vida de un mamífero.

4. Compara y contrasta ambos ciclos de vida. ¿Qué etapas del ciclo de vida son similares? ¿Qué etapas son diferentes? Realiza un diagrama de Venn para mostrar tus observaciones.

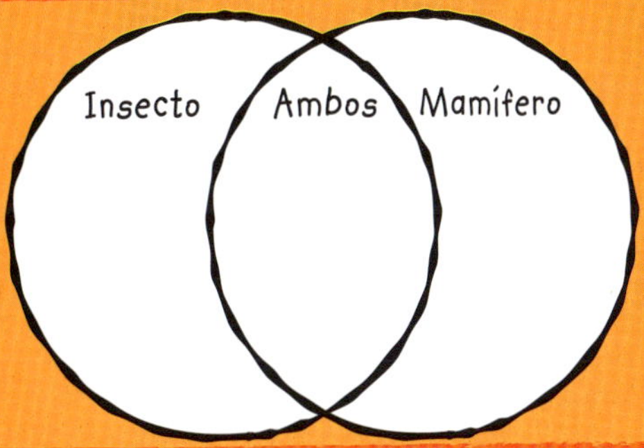

Glosario

adolescente: una persona o un animal joven que se convertirá en adulto

brote: la parte de la planta que se convierte en flor, hoja o rama

generación: un grupo de seres vivos de la misma especie, que nacen y mueren durante la misma época

germinación: la etapa en la que una semilla comienza a crecer

juvenil: una persona o un animal joven que todavía no es adulto

larva: un insecto muy joven que parece un gusano

metamorfosis: un gran cambio en la forma o estructura de algunos animales o insectos

plantón: un árbol joven

plántula: una semilla joven que ha desarrollado una raíz y un tallo

polluelo: la cría de un pájaro

pupa: un insecto en la etapa entre larva y adulta

Índice

¡Tu turno!

Comparación de habilidades

Haz una lista de las cosas que podías hacer cuando eras bebé. Luego, haz una lista de las cosas que puedes hacer ahora. Compara y contrasta las dos listas. ¿Qué cosas podrás hacer cuando seas adolescente? ¿Qué podrás hacer cuando seas adulto?